JN419671

화려한 망사버섯의 정원

김신영 시집

　내가 슬픈 것은 선택하기도 전에 이미 타자를 위한 존재, 나는 제외된 세상이었다. 그것은 극히 미세해서 역할 분담이라는 차원을 뛰어넘지 못하는 것이었다. 나는 역할 분담의 부분에서 중요하거나 소중한 일은 삼가야 했고 내가 운전할 수 있는 역할은 더욱 주어지지 않았다. 대신 사회로부터 가치 없이 여겨지는 일을 해야 했고 나는 가끔 들러리가 되었다. 그것은 반쪽이의 역할이거나, 무의미하게 평가받았다. 나의 시는 그 점을 기억하고 싶었다. 사람들이 느끼는 당연의 경지에서 조금씩 틈을 보이는 무의미한 존재의 슬픔, 나는 앞으로도 그 점을 기억할 것이다.

1996년 4월
김신영

차례

낙엽송

대체로 기다려달라는
너의 극명한 실체에 대하여
나는 거듭 고개를 흔들 수밖에 없었다

가벼운 섬 1

기꺼이
신에게로 가까이 가고 싶다
친구여,
내가 가질 수 없는 엿장수의 가위적 장치를
물결 이는 밤마다 요술처럼 마술처럼
내보이며 꿈꾸며,
무거운 고요의 바다
첨벙이며 흔들리며 살찐 하늘 가 보고 싶다
여기 황폐한 문지방이며 무너진 흙담을
일으키어 내 출렁이는 바닷가별들과
유성이 되어도 좋은 밤을 맞고 싶다
눈비 쏟아지는 겨울에서
비바람 부대끼는 여름에도
미씨개꽃 씨알 뼈에도 귀대고
나는 섬에서 솟아나는 온기를 느끼고 싶다
신이 오는 바닷가에 드리운 내 얼굴
그 섬에서 나의 불가사의를 씻고
내가 피워올리는 향기로운 촛불로
비어있는 가슴 가슴을 채우고 싶다
그렇게 기꺼이 신에게로
가까이 가고 싶다

가벼운 섬 2

가끔 내 안을 들여다보는 이여,
섬이여,
대체 혼자 견디어내는 그리움을
친구여, 어떻게 하였는가
나는 달랠 길 없는 나를 끌어안고 백화점 안이며
들이며 길이며 온갖 상품들이 반짝이는
별 됨의 의미를 내색하는 공허한 자리에서
나도 그 속에 섞여 어색한 자리매김을 하고 있다
올곧은 실만 뽑아내는 눈동자 환한 누에고치처럼
내 몸을 매달고 나는 어떻게든 날고 싶어
섬이여, 가끔 나를 돌아보는 이여,
낮게 내려앉은 하늘가에 흩뿌리는 물결무늬를
눈비 오는 겨울에도 맞이한다, 섬이여.
빗줄기 사이로 흔들리는 바리톤의 가수
친구여, 그 노래라도 들으면 더 나은 내일이
온다고 얘기해 주렴
내게 남은 전리품이란 그저 창가에 무수히 떨어진
별들의 노래, 사라져가는 유성의 노래,
그 노래는 흔들리며
겨울을 소리하며 나게 하는가

가벼운 섬 3

1

그가 오는 길목에 던져진 내 가을의
처절한 훼손으로도 얻지 못하는 양분 없는 빛살은,
존재하는 자의 신성한 여유는,
섬만이 볼 수 있을 거여요
슬픔으로 가득 찬 절망적 욕구에 목마른,
미학적으로 승화된 개인의 서술적인
생애를 위하여 일하는 잿빛을 가진 섬

2

그래 내게 말하여주세요 그대가 본 것을
신이 숨겨둔 진주를 내게도 보여주세요
오랜 토셀리의 세레나데 같은
노래도 그대 들려주세요
그 길목에 칙칙한 부자유, 그래요
내 노래가 자유가 아닌 이유를 꼭 알려주세요
천지의 온갖 웃음은 내 앞에서 왜 부서져야 하는지
그대를 맞이하는 처음의 들판이
왜 그렇게 쓸쓸해야 하는지
나는 세상에서 제대로 조화된 콤퍼지션으로

남는 모든 것을 내면에 포착하려 신에게
도리깨질을 하루종일 퍼붓습니다

3
그리고 알츠하이머병을
앓는 나의 누이를 부탁합니다
그의 해골 속을 그만 뒤섞으세요
그가 결혼해서 사람을 몇 탄생시켰으므로
그것만으로 그의 인생, 완성되지 않았나요
산소 없는 조수가 밀려드는 그의 머릿속에
이제 그만, 내몰리지 않는 광활한 하늘처럼
벽 없이 뚫려 버린 공간의 한 조각 달콤한 초콜릿, 그것
을 주세요

가벼운 섬 4

초탈한 사람들의 이야기를 읽다가
내 어두움의 자락을 잊을 수 있을 듯했다
어디에나 있는 형체 없는
밝은 빛을 채워 넣은 초현실주의 작가의 그림과
또 어디에도 없는 검정블루를 가득 칠한 내 정신의
망망한 바다 같은 빛살 하나 없는 어두운 그림
지상에 천국이 있다면 내 그림은 거기 있어라
영자신문보다 더 읽기 어려운 그림을 그려서
아름다운 천국에 두어라
초월한 사람들이 말하는 그곳에 나도 있어야 하리
나는 속속들이 알지 못해
어두움을 간직한 것이라고 믿는다
어둠의 햇살 쏟아진다 해도
나를 부수는 체감의 추위를 만난다 해도
나는, 내 그림은 천국에 있어라
나는 우회하지 않겠다
질주하지도 않겠다
천천히 내 그림에 바퀴자욱
가지런히 남기겠다

파리

죄송+미안+황공$=3\times4^{1}$ -5×7^{2} $+39^{3}$ -3.142^{4} $\times49^{5}-$
$999^{6}\times777$ ......[7] [8]

셀 수 없는 어질 머리 억만 번의 비빔

그는 늘 싹싹 빌었다

지지 기반을 잃어버리도록 치졸하게

그의 잘못을 낱낱이 들어 올리기전에도

그는 싹싹 빌었다

나의 손등에서도 식탁에서도

도마 위에서도 김치에 앉아서도

어디를 가든 가자마자 제일 먼저

싹싹 빌었다

그의 특징이었다

나는 파리채를 들 수 없었다

가장 먼저 제 손발을 비벼대는

기생 곤충 앞에서 파리채를 들 수 없었다

---

[1] 완전숫자. 황금비
[2] 완전숫자. 황금비
[3] 당구의 포켓볼
[4] π값
[5] 7×7
[6] 은하철도 999
[7] 행운의 숫자
[8] 해답 없음.

방황하는 혹성들
—어떤 사망의 풍경

그들은 서성거렸다
태양이 남회귀선까지 갔다가 돌아오는
춘분에도 가열차게 서성거렸다
왼쪽으로, 오른쪽으로, 뒤로, 앞으로,
약간씩 각도가 다르게 모두 서성거렸다
도로를 넘어가는 혹성들은 믿을 수 없는
힘을 가지고 움직이는 거대한 생물이다
쇠 좌석에 앉았던 사나이는 깊이 재겨넣은
칼날을 품고 냄새나는 밭두렁을 넘어왔었다
양분 없는 땅에 서식하는 식물처럼
곤충을 잡아먹었다

나의 영양 결핍은 대지의 빈곤이 이유였으며
　벌레를 유인해서라도 보충하여야 하는 존재의 고통을 느
꼈다
　풍경 소리 나는 산사에서 흙에서 흙으로 돌아가는 혹성
들이
　다 떠나고 난 들녘에 학이 되어 일제히 날아오르는
　꿈들을 바라다본다 파스칼적인 존재의 고통
　깃발을 놓쳐버린 허무주의자는 정체불명의 웃음을 안고
　다시 돌아오지 않는 잠들지 못하는 바다가 된다

안전한 이윤의 차액이 정부가 우리에게 기대고 있는

단 하나의 이유이듯이 녹슨 금속 위에서도 태양은 뜨거

웠다

영혼이 닳아빠진 그분들에게 이제 흙을 덮어

그분들로 하여금 해야 할 일을 하시게 합시다

인생이 휙휙 소리를 내며 지나가는 도로 쪽에서는

아직도 서성거리는 혹성들이 보였다

개방 압력

매일 내분이 이는 종로 오가
기독교연합회관 십 층에서 나는 책을 만든다고
죽을 쑤는데 옆 건물 기독농민회에서 머리에 붉은 두건
두른 전대협 예수들 연좌 농성, 퇴근 시간 다 되도록 일
렁이고
거리를 쓸고 몰려다닌다 통일 지사의 죽음 일주기를
추모한다고 통일 원년을 선포하고 김 씨의 얼굴
세·계·화
깃발 흩날리며 씨익 웃는 상이용사 사진 포스터로,
잉크젯 프린터로 인쇄된 글씨 안에 갇혀 말한다
세계화 개방하라 너의 가슴, 개방하라 너의 마음,
개방하라 너의 얼굴, 개방하라 너의 손, 개방개방개....
개방하라 너의 심장!
개방 압력에 오늘의 대학생들 거리에 쏟아졌다
혼잡 뉴스를 접한 전경 곤봉 들고 다가온다
그래도 내가 평화통일을 비는 저 칠사
남북공동성명을 믿는 일 어렵지 않으리라
북한 땅에 삼백육십오 일을 살날 멀지 않으리라
삼성그룹 총수들 남북경협 신문에 활자화되고
대학 일학년생 소리친다 개방하라 남한 땅!

환승역에서

소풍 가는 학생들 쏟아져 내리고
지하철 환승역 나갈 출구가 없다

역은 최상의 포화 상태, 긴 줄을 세우는 거대한
공포의 특급 놀이시설이 된다 아무도 나갈 수 없다
역무원은 목이 쉰 호루라기를 쉭쉭 불어대고
더 이상 출구가 없으므로
승객들 일만 분의 일 초가 모자라 아우성이다
숨 가쁜 사람들의 틈바구니에
이 꽃들의 수많은 표정의 환희와 짜증이 뒤섞인
어름어름의 열여섯에,
문득 허망함과 쓸쓸함에 격정을 품는 것은
나보다 먼저 신의 꽃이 된
오갈 데 없는 친구들 생각,
왜 그들을 벌써 데려가셨습니까
전혀 아는 바 없다고 신은 연막작전이다
나는 본능적으로 출구를 찾아 눈을 크게 뜬다
그래도 신이여 혹시 이 환승역 출구에 들르시게 되거든
저 좀 들어 이 많은 꽃의 틈에서
다른 열차 갈아타게 하여주소서
저의 문젯거리를 출구에 내려주소서
당신의 꽃들을 보여주소서

육체와의 전쟁

지상 위의 차들 도로를 메운다고
연일 매스컴의 혼잡 뉴스를 접하고
가중되는 차량 버려두고 지하철 2호선을 기다리다
끝없이 달리고 싶은 내 영혼 정지한 채로
지하철 교대역에서 사람이 너무 많아 그냥 보내고
다음 열차 운전석까지 여섯 사람, 학생과 할머니까지 태워 가게 하고
그다음 열차 지금 역삼역에 있으므로 이 환난을 피하고자 바짝
승강장에 섰다 나는 이제 지상 위의 차들보다
지하의 혼잡 사태에 애가 쓰였다
열차가 강남역을 출발하여 교대역에 진입한다고
클랙슨을 울리며 한걸음 뒤로 물러서라고 경고 안내가 자동 노출,
급박하게 문이 열렸다 어느 테레비에서 살빼기 특집을 방영하듯이
육체와의 전쟁을 선포한다 열차 안의 지방들 남김없이 빠져다오
너희들 하나도 남김없이, 체지방률 급격히 곤두박질쳐
살기 좋은 금수강산 과시하도록
실패다! 대기하던 지방 하나 남지 않고 열차로 몰려드므로

이제 열차, 육체와의 전쟁에 실패한다, 문을 닫아도 여는
자 있으므로

기억
−복원

1
꽃이 피었다
황량한 서울, 한가운데
거리에 누구나 바라보는 불가사의한
신비스런 구조물이 생겼다
20세기 말에 그는 살고 있다
나비를 그리워하는.
오늘의 현상 인식으로 자연과학으로
펜티엄 세대로도 나비는 노출을 꺼린다
나비보다 파리! 작고 깡마른
파리 한 마리가 구조물에게 달려든다
나비처럼 우아하지도 향기롭지도 않는
이제 20세기의 꽃, 더 이상 나비를 기다릴 수 없다
더 이상 신비스런, 불가사의도 아니다

체제의 성장을 위해서 무엇이 좋으냐?
    좋은 게 좋은 거죠
인간의 행복을 위해서 무엇이 좋으냐?
    좋은 게 좋은 거죠

그래서 꽃은 20세기에는, 오지 않는 큐피트의 화살보다

부메랑을 던지는 것이 낫다고 생각했다
신은 꽃을 나무라지 못할 것이다
차단된 20세기 나비는 존재 가치를
보여주지 못하므로 멸종하였다???!!!
절묘한 이 신세계는 더 이상 별들의 세계를 보여주지도
못했다
다만 부메랑은 멈추지 않을 것이다

2
파리를 쫓아다닌다 어쨌든 파리는 잡아야 한다
어쨌든 파리는 지구상에서 사라져야 한다
이 현상에 너는 동의할 것이다
그렇다면 너는 파리채를 들어라 다시 나비가 꽃에게로
갈 수 있는 신화적 세계를 위하여 파리를 잡아라
꽃들이 향기를 뿜어대는 세상을 위하여 너의 파리채
가득 파리를 잡아오너라
그리운 것이 그리운 채로 세상에 남기 위하여
표백된 나의 영혼 하늘에 도달하기 위하여

3

멈추어 서서 아무 의미 없이 너를 만나고 싶다

부메랑의 신표처럼 너는 너의 이야기를 하고 나는 나의 이야기를 하고

너는 너대로 의미 있는 삶을 살고 나는 나대로 의미 있는 삶을 사는

그렇게 서로 다른 곳에서 의미 있는 사람이 되어가는,

최소한 나는 파리채를 들고 너를 뒤쫓진 않겠다

목적 없이 떠난 떠돌이 바람 이야기처럼 우리는 나그네이므로,

강보다 바다처럼 용이 되는 파도의 여울로 산 정상에 올라 은하수가 되어 흐르도록

종이의 가장자리

하느님 당신이 그리운 사람입니다
가슴이 꼬옥 닫힌 사람
구멍 숭숭 난 제 가슴에 아직도 찬 바람만 불어요
당신에게 속살이는 이 말이 들리시나요
하느님 당신이 저를 사랑하신다면
저를 안아주세요 하느님
당신 의 그늘 구석에 매몰^{埋沒}되어
바람만 맞는 허기진 저를.
우리끼리만이라도 다른 이야기는
하지 말도록 해요
당신이 내 기도를 듣고 또 들어주신다면
그 시간 조금 오 분을 틈내어
내 가슴에 불을 심어주세요
홍수로 갈아엎은 세상
불을 일으킬 시간일지라도
하느님 당신이 정말로 나를 사랑하신다면
고운 손길로 나를 보듬어주세요
쉼 없이 혼자 걸어온 이 길의 끝
이제 찬 바람만 부는 벼랑에 서 있는 저를
하느님 정말로 꼬옥 안아주세요

파도의 꿈

지나온 날 하루도 조용한 날이 없는 제 평생
말할 자유를, 자유를 주실 분 그런 분만 들어주세요
밀리고 밀리면서 너무 많은 사람의 가여운 발자욱
하나 남김없이 지웠답니다
지우는 일만 거듭하는 나는 신화처럼
쉼 없이 흔들리며 살아왔어요
사람마다 여기에 성을 쌓곤, 성마다
무너지는 슬픔을 가지고 돌아갔답니다
그대들 천년의 슬픔이 벌써 두 번째입니다
즈믄 가지의 자욱들 하나도 남지 않았습니다
그대의 은빛 꿈, 첫 키스
그것이 채 완성되기도 전에 뒤져 흔들어
지워야 하는 것이 제게 입이,
작은 입이라도 생기지 못한 이유가 될까요
오래고 더딘 모래시계
그 모래로도 다 셀 수 없는 모조리
부서진 연분홍 생꽃자죽 꿈을
이 모래사장에
한 번쯤은 남겨둘 만한 시를 쓰고 싶어
지워지지 않는 말.

초콜릿을 위하여

쓴 약을 먹었어요
오로지 초콜릿을 위하여 그렇게 했어요
아무도 내게 그저 초콜릿을 주진 않았어요
나는 초콜릿이 몸에 나쁘다는 것도 알아요
그러나 아시잖아요
초콜릿에는 마약처럼
나를 당기는 무언가 있다는 것을
나는 초콜릿이라면 모든 것을 포기할 것 같아요
그 열량 많은 달콤한 맛을 이해하시죠
나는 초콜릿이라면 무엇이든지 하겠어요
초콜릿을 내게 주신다면 나는
어떤 일이든지 쓰다고 말하지 않겠어요
아파서 약을 먹을 때도 있었지만 그래서 초콜릿을
얻을 수 있었지만
또 가끔은 일부러 아팠어요
초콜릿을 얻기 위하여 나는 울기도 했어요
이 초콜릿에 대한 비밀을 그대는 알고 있나요
그대 역시 하나의 초콜릿처럼
내게 달콤한 눈물이라는 것을

나의 노래

많은 말들이 제 속에서 꿈을 꾸었죠
꿈에서라도 다시 태어나길 기대하면서
태어나 이루어질 일에 부풀기도 하고...
그대 어느 한순간도 꿈꾸길 원하지 않았죠
꿈을 꾸어선 안 된다고 그대는 말했죠
그대의 입술만 바라보는 나는 때로 행복했는지도 몰라요,
그대가 나를 인형처럼 대하고 만났던 시간
요술 할멈이 만들어준 궁전의 공주처럼
나는 잠이 달콤했는지도 몰라요
왕자님 같은 그대의 키스가 아름다웠는지도 몰라요
사랑하는 이여 나는 인형이 아닙니다
더 이상 사랑하는 그대 키스로 내 잠을 깨지는,
깨지는 정말로 않겠습니다
그대 임금님처럼 하느님처럼 내게 오는 것도
이제는 더 바라지 않겠습니다
나에게 속살거리는 그대의 말은 모두 임금님처럼
하느님처럼 하는 말뿐
나는 노래하고 싶어, 나의 노래
그대의 악대가 되어 춤을 추고 기뻐 웃지는
이제는 정말 않겠어요
요술 할멈이 없어도 나는 마술을 부릴 수 있고

그대 왕자님 없어도 나는 잠을 깰 수 있어요
나는 이제 궁전으로 다시는
가지 않겠습니다

땅이 흔들리는

그대 낙오된 이유를 알려다오 교정 구석마다 아름다운 축제의 밤을 맞고 여기서 행복한 부분의 나날 즐거이 노래 부르고 함성으로 퍼지는 불 꺼진 강의실에서 그대 낙오된 이유를 내게 알려다오 기억할 수 없는 노래, 노래가 교정에 메아리치고 그대 가져가 버린 슬픔이 내게 슬픔이 아니 될 때 나는 눈물을 흘리고 싶다 그대 숨 지워가며 이 굶주림을 얼마나 거쳐 가야 했을까 그대 즐거이 부르던 노래가 들리지 않던 그날 불 꺼진 강의실에서 그대 활활 타며 파직거리는 암울한 젊음이 한 조각 빛으로 부서질 때 그 이유가 애매해 가물거리는 의식의 끝 빛줄기를 잡았을까 지평선 끝에 매달린 기차처럼 나는 떨어져 나간 그대의 청춘에 비눗방울 같은 의문을 터뜨리며 땅이 흔들리는 소리를 들었다고 의심한다

거리에서

내 마음 하나 비우지 못해 길을 걸었다 유쾌한 아낙네들 거리에 쏟아져 있고, 남모르는 햇살을 간직한 채 미쳐 우는 바람은 아직도 내 곁에. 시계는 갔다 그저 제가 가르치고 싶은 지침은 하나도 못 가르치고 내 시계는 갔다 사랑이 찬란한 빛을 잃었듯이 마음은 흘러가고 있었다 누구든 머무는 바람을 안다면 내게도 좀 가르쳐다오 나아 그를 만나 떠다니지도 않을 곳에서 내 마음의 꽃들 걷어내고 싶어 파리의 보헤미안처럼 파가니니의 협주곡 하나쯤, 알비노니의 아다지오 같은 저음의 고요를 하나쯤 간직하고 아무도 없는 섬에서 조금만이라도 살 수 있다면 내 그리움 사무치는 파도에 휩싸이는 여름을 보내고 나면 비바람이 그칠는지 골목길에 떠드는 아이들의 웃음으로 내 그리움 훌훌 털어낼 수 있다면 더 슬픈 노래를 부르지 않아도 된다면 끝없이 나를 따라다니는 그림자 없어도 된다면 나아 그 길에 있고 싶어 그 길에 내 노래하나 무덤을 만들어놓고 무심하게 앉아 있을 수 있을 것 같아

서울은 꽃 하나 풀섶 위에

봄날 보랏빛 등꽃을 아시나요
제비꽃을 아시나요
바위 틈새에 끼어서도 피는
꽃의 말들을 듣고 싶어요
아니아니 꽃 피는 오월 한낮
아카시아 향기라도 맡아보셨나요
제게 전설이 되어 버린 꽃 얘기를
해주실 분은 안 계신가요
서울은 꽃 하나 풀섶 위에
피질 않아요
울울이 뜻을 얻지 못한 홀씨처럼
떠올라서 내려앉지 못하는
서울의 혼몽
덕이 엷어 좁은 땅 한반도 한켠
죄 다스리지 못해요
움켜쥔 흙이 매양 가슴속을
파고들어요
오른손에 숟가락을 든 태고적
아가들로부터
오늘 다닥다닥 오른손에 숟가락 든
아가들까지 우우 연좌 농성이 즈믄해

거듭 즈믄해
꽃들이 피질 않아요
꽃들이 좁은 땅 어디에도 피질 않아요
폭발하듯 피던 진달래까지
꽃 하나 피워주실 분 안 계신가요
꽃 하나 들고 계실 분
제게 꽃 얘기를 해주세요
아름다운 꽃 얘기를.

목련을 기다리며

누가 나의 집 문을 두드리시나요
나가고 싶지 않아요
문 하나도 열고 싶지 않아요
쉿!
아무 말도 하지 마세요
아직 나는
말하고 싶지 않아요
말하여서 천지로 돌아다니기보다
나는 집중하고 싶어
나를 이끌어내실 생각은 하지 마세요
아직 나는 준비가 덜 됐어요
아직아직 나는 내 방에 홀로 있고 싶어
미완의 얼굴 보이고 싶지 않아요
좀 더 따뜻해지면
따뜻한 공기 내 방문 틈에 새어들면
따뜻한 몸, 완성된다면
그때 문을 열겠어요

내 집 문을 두드리지 마세요
지금은 나갈 수가 없어요
미완의 내 얼굴, 보여드릴 수가 없어요

풍경

아침 해를 받으며 붉은 전철을 타고
집을 떠나가는 사람들마다
때 절은 빛깔이 익숙한 역사로 모여들어 줄을 선다
아버지는 온종일 역사의 모퉁이에서
어스름 지나 깊은 이슬 내릴 때까지
표에 동전에 비슷한 얼굴에 출렁이신다
하나의 표가 밀려 떨어져 나갈 때마다
눌려지는 자욱 버거운 신음 소리
술렁이는 아버지의 어깨 너머 푸덕이는
이십 대 영상을 만든다
꽃다운 아들 강변에 흔들리는 민들레처럼
메운 바람에 끌려간
봄날 하루 내내
그리운 낯가림을 겪는다
머물지 못하고 날아다니는 홀씨처럼
집을 떠나는
끝나지 않는 물결
역사에 긴 줄은
바람에 흔들리고
표에 동전에 거뭇한 얼굴은
이른 해돋이부터 길어만 갔다

소리가 있는 정원

단절된 나의 의식은
욕실에서도 노를 젓는다
빗자루로 나는 정원을 쓸어야 하는
강박관념을 해방시키고
노를 젓는다
아무도 내가 어디를 가는지 알지 못하는데
나는 아직도 욕실에 있는가
사람들은 더 이상 노크하지 않는다
순간 욕실은 소외된다
경악하는 공포영화를 본 듯
오싹하다
물은 계속 소리를 내며 떨어지고
욕실은 움직이지 않는데
나의 의식은 아직도
노를 젓는다

춘일

주남저수지의 새대가리 철을 따라 날아가고
종묘의 개나리는 대가리도 없이 꽃을 피웠다
빌딩 속의 내 대가리 생각이 많은데
때를 따라 날아갈 줄도 꽃을 피울 줄도 모르고
봄날 볕에 환자같이 창가에 나섰다

새는 작은 머리라도 있지만
감나무 싹들은 어디에 머리를 두는가
나는 생각으로도 창가에 커튼을 걷고 싶다
새대가리도 떠나는 하늘을
나는 남아서 더위를 맞을 테고
꽃 대가리도 때에 따라 꽃을 피우는데
나는 꽃을 꺾고만 있을 것이다

종교 자유의 법령 천지에 돌을 대신하고
전 씨 노 씨 떠나듯 이사 가고 이사 오고
푸릇한 싹 돋아 생명의 껍질 틔우는데
나의 부대낌이 시작되는 곳에서
유년은 흘러가고 내 마음
옷 앞섶에 가제 수건 달고 학교 다니던,
그때도 몰라 꽃도 몰라 도리질한다

때림 또는 썰렁 시리즈

1
썰렁탕이 맛있다는 집을 찾아다닌다
유일한 점심시간의 잡담을 때리기로 했다
찬 바람 부는 썰렁한 날 썰렁탕 한 그릇 때리고
오후에 광고 한번 때리면 오늘 일과는 다 때렸다

2
누군가 오늘은 추워탕을 때려야겠다고 말했다
버둥거리는 나의 수액 오늘은 추워탕을 때리는구나
온몸에 한기 들어 추운 날 추워탕 한 그릇 때리니
오늘은 추워서 미꾸라지 날치지 못하겠구나

3
남극에 걸어 다니는 펭귄이 오늘은 20마리 몰려왔는지
날씨가 헐렁하다 썰렁하다고 저마다 한마디씩 때렸다
그러자 오늘은 북빙양 얼음이 얼굴만 10분의 1 내밀고
반도를 섭렵하고 있기 때문이라고 누군가 한마디 때렸다

4

라면 하나 때려야겠다고 뱃가죽 움켜쥔 식욕이 왕성한
후배는 오후 5시에는 라면 생각이 너무 간절하다고
맞아 죽는 라면들 오늘도 퉁퉁 부어 터지겠구나
신세대에 난무하는 널널한 시리즈 때리기 썰렁이 맞아
죽기

TV에 나타난 그림 1

갈 수 없는 세계 아마존을 TV로 보다
지도에도 표식이 없는 신기루를, 삼천 종류의 어류를
TV는 나를 위해, 쿠크나루와 피라냐를 잡고
TV를 보는 나그네에게 무엇이든지
도움을 주겠다고 속삭인다, 술의 정령과 이야기하고
보이지 않는 전설의 다리를 TV는 나를 위해 설명해 주었다
아마존에서는 마술을 믿어야 한다고 나레이터는 속삭인다
가상과 현실이 함께 어우러지는 세계를, 가상의 연인과 만나는
아름다운 꿈의 신기루를 믿어야 한다고 그것이 아마존의
풍습이라고
나는 TV를 보면서 아마존을 횡단한다
TV를 보는 현실과 TV에 그려진 가상을 가끔씩 혼입하면서
카우츠크나무 숲을 지난다 눈물을 흘리는 나무라는 별명을 가진
카우츠크나무를 베는 인부들 아직 많아도
전설은 시작되고 밀림은 작위를 털어낸다
야생 칡도 없는 브라질의 그림, TV의 인적 없는
지도에도 표식이 없는 잃어버린 마을, TV는 또다시 서쪽을 향해
달린다 나를 끌고 석양을 따라 끝도 없이 달린다

TV에 나타난 그림 2

솔개가 하늘을 난다
TV의 하늘에 솔개가 난다 나의 유년에나 보았을
나는 폐허가 된 마을의 흔적을 만진다
유민들 척박한 북동쪽을 잃고 익사했을
마을의 어귀, 길은 평범했고 강은 부드러웠다
아마존의 지류 마데이라강은 전설의 요지가 되고
고무 농장의 노예들이 지나간 가난한 강에서
밀림은 정체를 알 수 없는 거대하고 강한 존재,
전설을 흩뿌리고 미지의 친구를 찾아서
회한과 격정의 세월을 흘려보낸다
이제 TV는 수상마을을 지난다
철 케이블에 연결된 이 마을은
술에 취한 듯 흔들린다
마을 전체가 강물을 토해낸다
쓰레기통에 잘못 날아든 나비와도 같이
금을 찾으려는 집념은 TV에서도 치료될 수 없나 보다
그들은 노래를 불렀다
흐르는 물 위에 흩뿌려지는 황금의 노래여
노을이 삼키는 붉은 노래
흘러간 청춘 애달픈 노래
갑자기 내 노래가 아마존에서 나타날 듯 허우적거렸다

TV에 나타난 그림 3

나의 의식이 결합된 TV를 켠다
붉은 길 위를 부드럽게 미끄러지는 은율
한 소년의 등 뒤로 TV의 아마존, 태양이 조용히
깨어나고 있다 고요히 모든 밀림이 깨어나고 있다
어느 사이 촉촉한 금빛 안개를 좋아하게 되었다고
나는 속삭인다 아마존은 내 속에 들어와 여행을 한다
숲은 정적을 털어내고 사람을 떠나고 인적이 끊긴 지
이미 오랜 마을에서 나는 진흙탕을 지나고 갈증이 시작
된다
격정의 길 끝 침묵을 듣는다, 아마존의 지류를 지나면서
TV는 시간이 정지했다고 속삭인다
달력의 예수 그림도 어렴풋이 남고
아마존으로 무작정, 깊은 애착 없이
떠나온 회한, 여행의 막바지 여정의 끝에서
마음에 남는 몇몇 영상들은 절망에 가까울까
내게 TV는 마지막을 예고한다
숲, 강의 범람, 길의 끝
싫증을 느낀 신이 길을 갈랐으므로
TV는 이제 마지막 여정이라고
은혜의 밀림은 더 이상 계속될 수 없다고 내게 힘주어 말
한다

내일이 있는지 알 수는 없는 일이라고,
전설의 새만이 매일 저녁 해를 지고
다음날 아침 동터오는 쪽에 올려놓는다고 말한다
나의 의식, 플러그를 뺀다

TV에 나타난 그림 4

TV는 우리 시대의 춤을 춘다
피의 끈적이는 세계를 두드리는 행위의 파도,
TV의 무용수는 입을 크게 열고 얼굴 가득
주름 일으키며 춤을 춘다, 순간 얻어지는 찰나적
감정을 보여주려 격렬히 뛴다
극명한 가위눌림처럼, 소리치라
악마적 이 세상은 결코 끝나지 않을 것이다!

너와 나,
널브러져 무대 위를 가득히 뒹군다 할지라도
마귀할멈 나타나 빗자루로 쓸어버릴지라도
세상은 끝나지 않을 것이다
남김없이, 먼지 하나도 없이 TV는 빗자루를 들었다
빗자루를 든 자와 빗자루만이 무대에 희미한 조명을 받고
TV는 다른 그림을 그리지 않는다 조명은 희미하게
빗자루를 든 악마의 무용수를 비춘다
무대 위에 먼지 같은 무용수들은 무대 밖으로 쓸려 나갔다
순간, 나의 무대는 역동적인 광고에 압도당한다

TV에 나타난 그림 5

킬라우에아의 화산 지대에서
화산이 넘치고 있다고 TV는 말한다
주황색 빛이 강렬한 대지를 내리누르는
3년 반 동안의 화산 활동을 내게 보여준다
세상에서 가장 다량의 용암을 분출한
육백사십 미터 상공 헬레 여신의 분노
킬라우에아를 보기 위해 매일 사천 명의 사람이
몰려왔다고 TV는 기염을 토한다
용암이 분수처럼 치솟아 떨어지던
1984년에서부터 지구가 틈을 열었다고 과장하면서
뜨거운 암석이 품어 올랐다는 1986년까지
세계에서 가장 높은 산이 되어가고 있다고 말했다
백 퍼센트 화산으로 이루어진 섬 하와이는
강물처럼 흐르는 용암이, 지류를 이루는 호수를 간직하고
마그마가 쏟아져 샘이 연못을 이루듯
호수를 채우고 호수는 점점 고지대가 되어간다고 말했다
씨분화구에서는 살아 움직이는 용암의 흐름으로
지류를 낳고 형성과 파괴, 재생...
화산 작용은 순식간에 지각을 다시 만드는,
추와 미를 동시에 소유한
분노는 쉬지도 않고, 부끄러움 없이 제 속을 다 내놓으며,

동시에 도시에서 도시의 끝을 모두 에워싸는
화려한 여신의 외출을, TV는 거침없이 내게 말한다

99번 도로

99번 도로는 민족 역사의 중흥기라는
새로이 명명되어진 올림픽공원을 지나
가락동 농수산물 시장에서부터 시작된다
한반도 장안의 모든 채소들 여기에 모여와
제각기 갈 길로 흩어진다고 그는 말한다
문득 퀴퀴한 썩는 냄새가 나는 것은
소금에 절여 김치가 되기도 전에
벌써 쉬어버린 놈팽이들의 채소가 아니라
데모대가 일으킨 난동 때문일지도 모른다고 그는 알려준다
양재역에서 99번 도로는
사방으로 복제품을 우송한 뒤에
다시 돌아오는 도로가 된다
부산으로 광주로 흘러 들어가는 자동차들,
서울의 남반구를 횡단하는 99번 도로는
김포공항까지 남쪽 서울을 돌고
뛰어다니는 생각의 중심이라고 전해진다
그러나
곁길로 빠진 다른 도로의 행로를
알 길은, 99번 도로에게는 없었다
그에게는 가만히 서서 부드러운 말을
던지는 사람이 하나도 없었다

초막 짓는 산에서 1

신적인 내가 지나가자
땅강아지 몸을 감춘다
땅거미도 숨느라 부산하다
어느 봄날 하룻강아지 같은 올챙이 논두렁 작은 개울에
그들의 우주마다 까맣게 고여 있고
개구리 알집은 허물 벗은 뱀처럼
늘어져 우리의 단면을 표시하고
수많은 개구리의 꿈은
끈끈한 원자막으로 보호받으며
작은 개울에서 꼬리를 서둘러 흔들어대고
기지개를 켜고 온몸을 떤다

왕국 개구리의 서울,
엉겅퀴 꿈을 꾸는 개구리 떼의 도시,
머리만 디민 밀도 높은 군락의 도시

봄 미나리 간간이 뿌리를 내리고
쑥 더미 푸르게 솟은 마을에서
나는 조물주 되어 놀았다
왕성한 식욕 돋아나라고 그 마을에 물 대주었다.
약진하는 생명력으로 번식하라고

솜방망이로 휘저어주었다

조물주의 마음으로 그 생명 강에 회초리 대주었다

이 골짜기, 올여름 개구리 소리에 귀청 터지겠다.

논둑, 개구리 떼에 무너지겠다

저수지 둑이 터지겠다

시냇물이 마르겠다

푸른 별들이 웃겠다

거기서 초막 짓고 살고 싶었다

초막 짓는 산에서 2

여전히
나를 그리고 있다
껍질이다
사람들 앞에서 변형되었던 이천 년 전의
어떤 분이 거처하실 초막 짓는 일에
관심 있는 사람들처럼
여전히 나를 그리고 있다
그분은 내가 짓는 초막에
관심 없음 표시를 해놓으시고
푼돈까지도 아껴서 땅 넓히는 일에
묘지 사는 일에 열심인 교회들
쳐다보지 않는다
정체와 몰락, 이 동질 선상의 위기
그분은 내 머릿속에
초막은 집어치우라고 노발대발이시다
너의 그림은 그만 그리라고 성화이시다
어둠을 가르는 빛살이 되어
산 밑에 소금기 없는 세상에서
하늘을 향해 우뚝 서라고
그분은 돌머리
내 머릿속에 말씀하신다

나는 걱정 없는 산에서 내려가야만 했다

초막 짓는 산에서 3

고향의 물을 파는 대기업 광고들의
홍수를 피해 길에서 나는 달아나야 했다
꽃잎 잔에 띄우며 전 부쳐 먹던
하느님의 물 흐르는,
전설의 고향, 호랑이 담배 얘기
서운산에 진달래 군락이 보인다
안성평야가 훤히 보이는 골에 위치한
행복한 가옥 즐비한 봉분들
산들바람, 다순 햇볕, 양촌의 봄을 통째로 맞는다
아직 일어나지 않는 나무들 으스스
삽 자국 있는 새 봉분 옆에 쓰러지고
나는 골고다 언덕 같은 오르막길을 가려 한다
아직 산새들 대꾸하는
이 길은 지나가야 한다
나의 십자가 부활하는 그날까지
나의 하느님 오시는 그날까지
내게도 산들바람 올라오고
햇볕 쏟아지는 그날까지
진달래처럼 꽃빛 고운 질문을 안고서도
저 멀리 마을 바닥에 물 분자 흘러 모인 저수지처럼
오르고 내려갈 일 없는 수면이 고른,

나의 굴곡과 내면을 덮는
하느님의 물세례 내게 있어 다오
그 십자가, 그 언덕 내게
강 같은 평화로 있어 다오
그 길에 들어서게 하여다오

복원

아산만까지 따라온 시집은
산보다 바다보다 넓어 보였다
바다에, 물이 바다에 빠진, 구원의 방주
노아의 전설은 사라진 듯 까마득히 아물대고
하늘은 용이 나타날 듯 꾸물거렸다
아마도 내가 슬픈 것은
문명이며 진화라고 하는 사회적 소외가
고속국도보다 더 꾸불거리며 달려오고
야만이라 하는 열등의식이
반듯한 유기질, 나의 세계를 형성하는,
바로 그 혼돈이라고 생각했다
그리고,
경서의 말씀이 나의 자유보다
감옥 같은 세계를 짓는 때라고 생각했다

하느님의 말씀은 세상에 수용성 비타민처럼 녹아
집채만 한 산들 삼키었다
바위보다 큰 분자량의 동위원소들 결합하지 못하여
등록금을 반만 내야 하는 딸이 있는 사람,
교통비를 반만 내야 하는 부인이 있는 사람,
그래그래 밥을 반 공기만 먹어야 하는 사람, 그 사람들

집채만 한 민둥산에 삼키어져 잠잠히 잠을 잤다
100년 동안 고독이 쌓이고 홍수가 지면
이제, 그도 흘러서 산을 삼키리라

마른 종자 활동 장치

새는 구름을 부르며 하늘에 오르고,
나는 노래를 부르며 꿈에 오른다
눈보라 같은 황색 수염이 날리듯 들국화 꽃잎이 뿌려지고
결합쌍생아 태어나는 한반도 만물상회 유리동물원에서는
예수 그리스도도 뭔지 모를 어려운 일들이 일어나고 있다
땅이 트랙터에 자주 강간당한다는 뉴스도 있다
표표히 윤 집사가 오면 소처럼 나는 껌을 씹었다
암소 같은 트랙터를 모는 일, 그 외에 할 수 있는 일을 몰
랐다
파종을 한다 그는 트랙터로 파종을 한다
사랑도 미움도 없이 땅은 가지런히 넘어지고
종자라는 종자는 모두 멀리 흩어지기 위한 장치,
곧 투쟁이며 바람을 타는 낙하산,
조그만 가시가 돋친 창이며
수동적 활동 장치를 지닌, 강인한
거북 등처럼 딱딱하게 굳어 갈라진 땅으로 흩어졌다
쥐며느리는 숱하게 달린 연한 발로 불안스럽게
돌아다니고 늙다리 거위는 물 위에서 거품을 일으키고는
숫자를 적은 종이 따위 씹어먹는다
비가 오지 않아도, 노랫소리 들리지 않아도,
예수 그리스도를 구주로 믿는 윤 집사의 트랙터 땅을 지

나간다

　사랑도 미움도 없이 땅들, 가지런히 넘어진다, 씨앗을 삼킨다

전신주에 올라 간 사람

그날 아침 K는 몹시 기분이 나빴다
전신주에 올라가 고압선 만지는 일
정말 싫었다 용접봉을 올리면서도 이 일을
하며 늙어 꼬부라지는 일에 심드렁하였다

오늘은 다른 사람이 올라가시죠
그때 사람들은 K를 가리키며
군번이 제일 끝인 그를 그대로 떠다밀었다

K는 억지로 전신주에 올라갔다
절대 허리는 펴지마
화이바를 쓰고 가야지

K는 화이바 없이 올라갔다
용접봉을 만지면서 K는
허리에 통증을 느꼈다
허리를 폈다
……

K는 다시 내려오지 못했다
눈에 먼저 핏발이 서서 터졌고

손가락 발가락 다 터진 숯

아무도 K를 끌어 내리지 못했다
후회할 사이도 없이 2만 볼트 전기는
K를 전신주에 단숨에 매달아 놓았다

어떤 과학자에 대하여

그는 가만히 있질 못한다
그는 의견 일치를 본 적도 없다
그는 늘 궁지에 몰리고
반대 의견으로 적을 만들어나간다
그러나 그의 적극성은 도대체 무너질 줄 모른다
유리보다 투명한 두께의 아크릴이
탄생하기 위한, 솜처럼 가벼운 에코 모빌 탄생하기 위한,
극렬한 반응을 일으키고 사멸하는 이기에서
과학자의 예술은
유리로 만들어내지 못하는
두께 1미터 이상의 아크릴을 조형하여낸다
거품이나 갈라진 틈 하나 없이
투명 아크릴 자체로 물고기들과
얘기하는 기분을 누리게 해준다
대형 수족관을 건설할 수 있게 해준다

여전히 그는 가만히 있질 못한다
여전히 의견 일치를 본 적도 없다
그는 여전히 궁지에 몰리고
반대 의견으로 적이 생겼다
그러나 언제 우리는 다시 우주에서 유영하는 일이

일상처럼 되어질지 알 수도 없다

신성한 기하학의 확률

절망감에 눈물을 떨구었다
장식적인 그림 앞에, 표현적 이미지와
원색의 사진 사이에서

나의 기하학적 원근법은
대비가 맞지 않아 늘 엉망이다
지표면의 단층, 대칭 곡선을
잡아주느라 절망했었다
빈 공간은 그나마 상상을 불러일으키지만
그리고 광범위한 덧칠기법이 시작되었지만
자연의 의도대로 구성된
공원의 풍경은
장식적인 의도에 의해
재배열되어버렸다
나의 질감은 나무 하나
제대로 그려내지 못했다
다채로운 잎사귀 펄럭이게 하는
바람도 잡아내질 못했다

위험스럽고 갈등이 내포된
어른들의 세계는

기하학의 대칭 선상에서 만나는
신성한 확률로도
먼 곳에 먼 곳에 있는 것이다

손바닥 정원

손바닥에도 정원을 가꾼다
다가오는 세기말적 징후로
정원을 가꾸는 땅이 손바닥만해진다
손바닥은 정원이 된다
그 정원에 발 디딜 수 있을지 의문이지만
풀 한 포기 없는 도시에서
재치 있는 하나의 살림처가 된
이제 도시에 잿빛 땅은 하나의
자투리 공간도 없이,
손바닥마저도
정원이 된다
도시에 노는 땅이란 모두다 정원이 된다
장식과 가면이 휘어지는 정원
나는 거기라도 가서 당당히 쉬어야 하였다
매일의 피곤을 대물리는 나날을
거기에 좀 풀어놓아야 하였다
손바닥 같은 나의 실내를 드러내어야 했다
"약간의 마당만 있으면 얼마든지 가능하죠"
유리하는 작은 나는 그만 누군가의 정원이 될지도 모른다
누군가 내게 와서 쉬는 장식적인
손바닥만한 정원이 될지도 모른다

도시는 노는 땅이 되는 것을 거부한다
나는 쫓기고 있다

신성한 노예들

누군가 내 이름을 부른다면
절단의 호명이더라도 대답하여야 한다
짐승처럼 숨지 말아야만 한다
안전하게 당당하게 살아남을 정칙은 없는 것일까
아무 의미 없이 전쟁은 생명을 탈취하고
부는 가난을 유린한다

대단한 통제력으로 가끔은 용서라는
단어의 우성을 과시하는 어떤 황제들에게
아이들의 호흡 소리 멎어가는 광장에서
너와 나는 구원을 요청하여야 한다

더위는 죽음처럼 다가오고
잔인한 희망은 끈질기게 물을 뿜고
죽음의 폭풍은 바다를 휘저으면서 나타나는데
우리는 행진한다 어디로 가는지 모르는
마지막 뜰을 바라보는 사람이 된다
이미 죽어버린 그림자를 껴안고
덜덜 떠는 사람들
그래서 아버지는 신년이 되면 책력을 사보셨다
굶주림이 올 때에 풍수를 짚어내기 위하여

이제 불행을 강요하는 도덕적 구속은
불이나 홍수가 나도
반드시 붕괴되어야 한다
아무에게나 찾아볼 수 없는
모두에게 낭만적인 시절은 다시 살아나야 한다
그 영산홍 가득 찬 산자락에서
우리네 인생, 위안을 삼아야 한다
코페르니쿠스적 전환이 딱히 필요한 때이다

신라소 1

초점화된 난생설화는 지금 중심을 잃고
영웅들은 신이 되어 천공을 떠도는 푸른 정령이 되었다
대지는 급격한 바람을 안고
산으로 계곡으로 우릉우릉 지진을 일으킨다
인간들이 특정 환경에서 서로 대립하던 때에도
대지는 황소를 품기에 넉넉한 바다였다
같은 조준 위치에 조금만 방법이 달라도
고립되고 상반되던 부자유
서로 다른 방정식을 갖는다

나의 암호는 이미 오래전에
도구로서의 기능을 상실하고
나의 털터리 말은 목이 쉬도록 달려왔다
어둠이 내게 밀려왔다
새벽이 나의 주위를 에워쌌다
유칼립투스의 나무들은
작은 별빛으로 빛을 반사하건만
흉작도 가뭄도 홍수도
이제 삶 속의 죽음이 되어버린
단순히 이익의 유무를 가리는
보부상들의 범주를 벗어나 버린

혹

그래도 콩이 꼬투리를 달기 시작할 때

황소는 다시 영웅 전성시대의 서사시를 읊을 수 있으리

알에서 소들이 우르르 태어날 수 있으리

우리 기다림이 길고 길었던 지난날

통일의 꿈을 이룰 수 있으리

신라소 2

실내로 들어갔다.
어제 보았던 굽실대던 내시가
나의 방석에 그대로 앉아 있었다
나는 조금 불안해졌다
빳빳한 주름의 긴 궁복
주름 잡힌 깃을 달고
구김살이 간 흰색의 플란넬 치마 같고
말린 해조의 머릿결 같은 옷과
빨간 헝겊을 든 것처럼 그늘을 가진 그는
나의 방석에 아직도 앉아 있었다
그리고 연한 색상들은 적당히 햇빛에
초원을 뛰어다녔다
나는 휴지를 두고 그 그늘에서 쉬었다
나의 귀를 그들에게로 갖다 대면서
대 목수여 나는 어떻게 되는 겁니까
나는 어디에 있어야 합니까, 우리의 소원은?
갈라진 논바닥처럼 갈증에
허덕이며 절망하고 있었다
초지로 가는 길은
들판에서 가끔은 활쏘기 연습을 잘하는 화랑처럼
새롭게 떠오르기도 했다

일어서는 땅

지하철 공사 중인 여러 갈래의 길을 지나
동선이 짧은 주택 즐비한 분당 신도시를 가다
느티마을, 양지마을,
청솔마을, 샘마을, 꽃마을, 푸른마을...
동화 속의 궁전처럼 해맑은 이름이 들어서고
나의 공간에 희망 통화량이 폭증한다
꿈의 공간 탄생하신 신도시에
에로스의 정원 지나는 연인과
장미 향이 퍼지는 정원에 구혼의 노래 가득 찼다
나는 졸림방지용 껌을 소처럼 씹으면서
늦은 밤 아파트 주변을 돌아다녔다
아름다운 공주와 손을 잡고 말하고 싶었다
나도 어쩌면 구혼의 노래 부를 수 있을 것 같았으므로.
층층이 불을 단 주택 꽉 찬 신도시는
공주님들 많아도 나의 손잡아줄 사람은 없다
쌩生자 하느님 보우하시는 신도시에는
주남저수지의 새대가리 철을 따라 이동한다고
신문이 사진에 실려 날아다녔다
나는 어떤 생각도, 아무런 욕망도 없이
어디론지
날아가야
했다

화려한 망사버섯의 정원

척박한 땅을 밀어 올리며 영양을 섭취하였다
엽록소 없는 구차한 기생으로 나의 생존을 이루어간다
동물도 식물도 아닌 균류의 일종으로 살아가는
내 치졸하고 왕성한 분해 능력을 그대 혹시 보았는가
낙엽과 땅과 그대의 생살, 여지없이 무너뜨리는
나무를 무너뜨리고 땅을 갉아먹고
그대를 불태우는, 그대가 모르는 나의 뒷면
비가 오나 해가 비치나 사람들 모르게
세상을 변절시키는 것이 내 생이라면
그대 내게서 멀리 떠나 내가 없는 곳에 살라
내 화려한 망사나 필수 비타민보다 질긴 생존 능력을,
그리고 나의 균사, 뻗어나가 숲을 침식시키는 부당함을
강력하게 논하여다오
나의 자실체 공간을 배회하지 못하도록,
나를 겨울 같은 눈 속에 가두어다오
아니아니 저 건조한 사하라 사막에,
티벳의 고원에 나를 두어
사방에 뻗어가는 나의 썩음증
나의 물질 분해 끝이 나도록
거듭되는 순환의 고리 끊어다오
큰 나무도 단순히 부후* 일으키는 죽음의 나락

왕성한 나무의 니그린 제로로스,

헤민 제로로스를 힘없이 부수어내는,

너의 인대 백색 갈색으로 우주의 숲에 쓰러뜨리는 이 망할 것

나의 이율배반, 녹아내릴 것 같은 운명의 비는 유기물 형성하고

산소를 부르고 나의 생명을 부르고 그만 또 너의 호흡을 부른다

고요한 아침마다의 부후, 나의 정원, 화려한 망사.

*부후 : 버섯이 일으키는 썩음증

땅거북

나의 하늘은
나의 둥근 하늘은
밖으로 돌아다니고
머리를 들 수 없이,
딱딱한 내 몸
가야 할 나라를 잊은 채
뒤집혀져 버둥거리는 사막이다
한번 뒤집히면 헤어나기 힘들어
사막에서 머나먼 우주를 떠도는 긴 유영
그러므로 나는
달려갈 수 있고 벌떡 일어날 수 있고
빠르게 걸어 다니고 싶어
내 마음대로 운전석에 앉아
자동차들 질주하는 고속도로 타고 싶어
높은 하늘에서 우아하게 떠다니는 열기구까지
지금 나의 하늘, 나의 지붕이 너무 무거워
굵은 선 박혀 쩍쩍 금이 간
더 이상 눈비에도 젖지 않는
연한 빛살 하나 스며들지 않는
이 껍질,
이 지붕은
벗고 싶어

미요의 회화적 상상

미요 코바치치의 그림은 은유와 풍자가
요한계시록처럼 환상으로 보인다
"소돔과 고모라" "홍수" 그리고 비극의 "예수"
그의 그림은 간명한 21세기에 몽상가의 주절거림처럼
무언가 나타날 듯 황량한 붓칠 휘둘러졌다
문화적 뿌리를 내포한, 현실적이면서 비웃는 듯한,
무겁고 약간 으스스한 그의 물감칠은
우리 주변을 대체하고
예수 십자가 밑에는 하얀 해골이 건들거린다
까마귀는 그의 머리 위에
장신구처럼 날아와 하늘을 보면서
끝없이 밀려나고 있는
매일같이 일어나는 홍수를 예감한다
포드로비나의 마을에서
홍수는 흔히 일어나고 있듯이.
세계 예술사에 남는 코바치치는 바로크 양식으로
크로아티아의 거북이 올라오는 언덕에서
낚시꾼과 동물과 배와 사람들
한 편의 멜로 드라마를 또한 보고한다

팔당댐에서

물처럼 흐르고 싶어
지상에 떨어져 땅에 스미고 싶어
팔당의 물은 하늘에서 땅으로 흐르고
하느님 드나드는 인공 호수에
상수 보호 구역 표지판 곳곳에 나붙어 있다
나는 물 되어 흐를 수 없을 것 같다
지독한 오염 물질이다
보호받아야 하는 물가에
물고기 없이 비둘기집, 개울집, 호수의 집에서는
멀리 나들이 나온 쏘가리탕, 송어회, 장어구이, 메기...
낚싯밥을 준비해놓고 사람들 걸리기 기다리고
개발청, 산림청, 훼손청, 오늘도 불도저 밀고
팔당까지 쳐 내려와 산을 뭉개고
물길은 내려앉아 버린다
피라미들만 잡히는 호수 언덕에서
사람들 피라미처럼 살아간다
팔당의 물만도 못하다, 우리.
흐르지 못한다
피라미만 건드린다

초보 운전자

한가히 도로에 나와 길들 사귀는
초보 운전자를 자동차들이 멸시한다
밀리는 차선 퇴근 시간에
걸음 배우는 아이처럼
천천히 돌아다닌다고, 바쁜 세상에
제 욕심 차린다고 쌍불 번쩍인다
저 혼자 교통방송보다
좀 더 감미롭고 물렁한 음악 듣는다고
대형 트레일러 지나가며 검은 연기 뿜어댄다
차도 사람도 저마다 한 번씩 무언가 뱉어댄다
초보 운전자 도로에 있으므로 길이 막혔다고
괜히 기어 나와서 고생 천국을 만드느냐
따발 눈총 따갑다
그래도, 나
친구처럼 도로에 나타나고 싶어
고속도로에 질주하는 내 그림
행복하게 그리고 싶어

신 낙원론

인간이 그리는 초원에
하느님이 계셔야만 한다

낙원이 있다면

그곳에서는 드넓은 초록색의 평원 펼쳐지는
아름다운 드라이브샷을 기억해야 한다
거기 반드시 골프 코스가 있을 것이므로
골프에 관한 사실은 모두 기억해두어야 한다

나의 하느님도
이 초록의 평원에서는 골프를 치셔야 한다
골프 의상 프로메이트도 한몫 차지하고 있어야 한다
혼란스럽게 요구했던
폐쇄의 열람과 나의 열패감
식탁에서 남편의 웃음소리도
거기 있어야 한다
그 생명의 낙원엔
반드시 하느님도
골프를 치셔야 한다
사람들은 낙원에 가고 싶어
못 견디게 될 것이다

길 위의 자동차

자동차의 쿠션 의자에 앉아
검은 안경을 끼고
매연을 뿌리는 사람은
오직 자동차로만 길을 이해한다
아스팔트는 길이 아니다
타르도, 석유화학 찌꺼기도, 자갈돌도
길이 아니다
길은 탄소가 아니다
염분도, 수분도, 칼슘도 길이 아니다
그것들의 종합체도 길이 아니다
화학적인 종합체보다 훨씬 그 이상의 것
더 이상의 그 무엇이다
잡풀을 들어내고 돌을 비껴가기 위해
발부리를 이리저리 돌리는,
대지에 뿌리를 내리는
바로 그가 곧은 길이다
쿠션 의자에 앉아 가는 길보다
걸어서 가는 고향의 오솔길은
길을 가르치는 고속도로이다
길의 흔들리는 심상에
검은 안경을 낀 사람은 무어라 대꾸하지 못한다

화상논법

1
이천년대 사람들은 모두
텔레비전을 두고 말한다
항법 시스템을 개발하므로
자동차 안에도, 쇼핑카 안에도
매력적인 팔등신의 글래머
광고 모델이 우리를 유혹한다
나의 운전은 화상에 나타난
진로대로 목적지를 찾게 될 것이고
나의 쇼핑은 글래머 배우의 안내대로
끝을 내게 될 것이다
나는 어려움 없이 목적을 달성한다

2
회장님은 얼굴만 대형 화면에 비추고
의견을 말씀하신다
회사의 중역들, 그의 의견을 경청한다
사람들은 토의하는 것보다 시청하는 것을 즐기게 된다
회장님을 TV 보듯 시청한 뒤 회의실을 빠져나간다

3

식물학자가 연구하던
식물의 수맥 연구는 이제 컴퓨터의
화상과 연결된다 그는 식물의 수맥에 대하여
해박한 지식을 습득하게 되고
컴퓨터는 그 도식을 어김없이
화면에 그려낸다
나는 그의 컴퓨터에 들어가
알고 싶은 것을 얻어간다
어려움 없이 목적을 달성한다

나의 천사

오한 길일
공원마다 결혼의 쌍들
카메라에 잡히고
상춘객들 멈추어 서서 바라보는데
벤치에 이제 막 앉은
아직도 빵 한 조각을 놓고 기도하는
청년의 신앙심에
나는 행복한 천사를
본 느낌을 추가한다
나의 말소된 페이지 살아날 것 같다
배신의 시간 멀어질 것 같다
절망의 수은주 다시 올라갈 것 같다
내 잠을 빼앗아 간 질곡들 멀어질 것 같다
그는 학이 되어 날아오르는 목련처럼
내가 보고 싶어 하는 사람,
아름답게 살아가는 천사이다
아직도 빵 한 조각을 놓고
두 손을 가지런히 모으고
기도하는 사람

고속도로

고속도로에 들어선다
길은 많지만
나는 고속도로를 탄다
통행료를 지불하고서
고속으로 달릴 수 있는 권한 누린다
신호등에 걸릴 염려 없는 곳
브레이크를 밟지 않아도 되는 곳
브레이크는 질색이다
질주하고 싶은 자동차만
보고 싶지 않은 것들을 초월하는
귀찮게 하는 것이 보다 더 적은 곳
나는 무엇보다 낙오되고 싶지 않았다
시속 150km
자존심처럼 폐차 직전의 프라이드
과분한 속도에 흔들려도
나는 과속으로 달리기를 즐긴다
거부하지 않는다
여기는 4차원의 세계이다
걸리는 신호등이 없는 이곳은
돈 많은 대왕님들 다니는 길
아무래도 여기서는 천국 가기 힘들겠다

나의 신발

발에 맞지 않는 신발이란
본래 주인을 괴롭히기 마련이다
발에 맞는 나의 신발을 찾아서
하이에나가 사는 도시에 서성거린다
나의 발은 굳은살이 박였다
물집이 생겨 터지고 피가 난다
결국 더 이상
어떤 부드러운 신발도
신을 수 없게 되었다

당분간
걷는 것이 고통이 될 것이다
나는 좀 쉬어야 한다

행복한 그들

어느 재벌 몇십만 평의 땅
VIP만 모시는
국빈 자격 방문만 허락되는 이 대지에
아름다운 빛깔의 꽃들이 그들의 정원을 모시고
연못은 푸른 물빛 받치고 섰다
물가에 노란 꽃잎 단 난초들이 자라고
이 정원에 꽃들은 일제히 봄을 맞는다
공작이 해를 받으며
꼬리를 펴고 우아하게 걷는다
잔디는 단련된 미스코리아의
몸매같이 아름다운 곡선을 유지하고
글래머 배우처럼 비옥한 대지를 끌어낸다
재벌의 천국은 여기서 누려진다
그지없이 아름답다고 그들은 말한다

굴업도 사람들

종로 오가에 굴업도 주민들이
흰 두건을 두르고 나타났다
그들의 용건은 간단했다
인간다운 굴업도가 핵폐기장으로
갑자기 지정되어 섬의 민초를
불안에 떨게 한다는 것이었다
누구를 위한 핵 폐기며 원자력 건설이냐
그들은 거리를 횡보한다
인쇄지에는 두 눈만 뚫린 하얀 두건 쓴
주민들 해골처럼 핵 드럼통 옆에
쓴잔을 마시고 힘없이 흩어져 있다
흰 가면을 쓴 사람들은
방사능 오염 물질에 노출된 것이 분명했다
하늘을 바라보며 탄식한다
지구를 뒤덮는 핵의 방사량은
우리를 굴업도 주민이 나누어주는 인쇄지처럼
해골로 만들지도 모른다고
하늘을 떠돌며 소리친다

나의 식습관

가만, 나는 너무
많이 먹는 것이리라
그만 먹어야 하리라
내 행위의 한계
변기 물세례는
길게 들리지 않는가
뱉어내야 해
그렇게 먹어대고도
우리가 원하는 건 무엇인가
끝나지 않는 나의 일상
아직도 난 무언가를 뒤지고 있다
먹고 춤추고 TV 보는
경련을 일으키는 물소리
공간을 배회한다
나는 노래를 그쳤다
나와 너를 위한 습관적 성찬을
거부해야 하듯이

성남으로 가는 도로

47번 도로는 성남으로 가는 도로다
비닐하우스 화훼 단지를 횡단하는
이 긴 아스팔트 길은 구불거리며
세곡동 밤고개를 넘어 성남시에 이른다
한강을 지나 잿빛 땅을 넘어, 농가를 지나
산을 가르고 기어 올라가
햇볕이 내리쬐는 무거운 슬레이트 지붕으로
내려갔다가, 다시 산을 가른다
지도에서 세 번의 높은 고개는
완만한 길들이 인접한 서울에 대어져 있을 뿐이다
47번 도로는 도망치는 나의 길이다
어머니에게로 가는 도망자의 길이다
가족에게 아무런 이익도 주지 않고
오히려 거기 있는 약간의 재산마저
빼앗아 가는, 홍수로부터 도망치는
사람들의 길이다. 땅을 가르고
꽃과 나무들 심기에는
너무 사치스러운 사람이 되었다가
47번 도로에 흘러 들어간다
절룩거리며 흘러 들어간다
후륜 구동의 비밀을 끝내 알지 못하고
성남으로 성남으로 간다

동대문 종합상가에서

오백 년 고도가
밤이면
무스크향이 진동하는 젊음의 도시로
빠르고 시끄러운 레게음악을
동반한 도시로 변한다
노천시장은 라면을 팔고
장신구를 팔고
오직 싸구려 옷가지의 유령만을 보기 위해
대륙에서 온 이방인들과
대한해협을 건너온 게다가
있을 정도이다
화려한 조명 속에
동대문은 사람들을 굽어보고 있다
거미줄처럼 퍼져 있는
길바닥에서는 사람들 앉아서
노래하기도 한다
오이를 깎아 파는
계단 모퉁이 아주머니도
상큼한 향기로 도시의 낱전을
얻어 삼키는
오백 년의 도시는 절대 잠들지 않는다

파고다 공원에서

악기를 사러 낙원상가로 가는
표피적 돌출하는 일상에서
파고다 공원을 지나가야 했다
점심시간이었고
나는 설움이 늙다리들에게는
어떤 양상일까 늘 궁금했는데
보았다, 그들을.
커다란 느티나무같이 아름드리도
느릿한 거북처럼 오랜 시간의 철학도 아닌
그저 늙다리 코끼리처럼
구겨진 손 주름을 앞으로 펴며
비 맞으며 점심을 구하는 사람들
무임 버스 회수권을 파는 할머니와
막걸리를 파는 공원 한쪽 뒤로
식판을 들고 비와 섞어 먹는
보았다, 그들을.
오늘의 파고다는 만세 합창 없이
점심 굶는 늙다리 노인들 놀러 와
한 끼의 식사에 무릎을 꿇는다
하루 내 앉아서 기웃거리는 일상
오마샤리프를 피워문 젊은이를 쳐다보기도 하고

바둑 두는 사람들, 장기 두는 사람들
하릴없이 기웃거리는 설움이 거기 있었다

나의 대지, 나의 자동인간

나는 천천히 가고자 했다
그는 천천히 갔다
나는 빨리 가고자 했다
그는 빨리 갔다
나는 멈추고 싶었다
그는 멈추었다
나는 계속 가고자 했다
계속 그는 달렸다
나는 어느 때고 망설임 없이 출발하고자 했다
망설임 없이 그는 어느 때고 출발했다
나는 때로 천천히 길을 다니고 싶어했다
그는 때로 여러 길을 다니게 했다
나는 때로 최고 속도로 달리는 것을 좋아했다
때로 그는 최고 속도로 달렸다
나는 쉬고 싶다고 말했다
내 곁에서 그도 쉬었다
나는 눈을 감고 쉬었다
그도 정지하고 쉬었다
나는 그를 좋아한다고 말했다
네가 있어 뿌듯하고 든든하다 말했다
너와 다니는 일이 즐겁다고 말했다

나는 남도 끝까지 함께 가자고 말했다

그는 남도 끝까지 가주는 나의 자동차, 나의 자동인간

절대 우림에서

비가 온다
너와 내가 헤어지는
도시의 숲에 나무들이 자란다
산소를 포함한 유익한 빗발
공중에서 내리고
인간의 숲은 자란다
하루를 다르게 사는 사람들은
도시에 나무들이 불쑥불쑥
자라는 일에 익숙하고
비 맞은 나무들의 흔들림은
서울 시장을 선출한다

나 하나의 투표는
물먹은 거위 따위가 씹어먹는다
도시는 습한 공기를 끌어안고
큰 나무들의 숲을 형성하고
나는 잡초가 되어
간간이 그들에게 밟히고 있다

절대 우림에서
나도 쑥쑥 자라고 싶다

올림픽 트랙에서 전 생애를 거는

10초대의 100m 달리기 신화를 만드는

작은 체구의 육상 선수처럼.

새벽, 전철에서

아무도 타지 않고
아무도 내리지 않는다
안에 갇힌 사람들은
손잡이에 매달리거나
의자에 붙어 졸기 십상이다
원자의 배열을 바꾸는 일처럼
이들이 내리고 타는 일이
어떤 시간에 따라서는 쉽지 않다
지리한 반복의 연속
전철은 계속 흘러가고
분자식 하나도 완성하지 못하고
공기 순환 펌프처럼 서울을 돈다
분자식은 쉽사리 완성되지 않는다
대 목수 시대에 전철이 있었다면
어린 나귀처럼 대목수를
가벼이 태울 수 있을 것인가
도시를 순환하면서
교통 체증을 느꼈을 것인가
오늘, 서울의 새벽 전철에서
미완의 아침을 열고 목수들이 졸고 있다

달에 있는 사람

해가 진 다음
사람들 사라진 다음
어둠이 오는 세계에서
일개의 집단이 바라보는
무대의 조명을 받는 대상은
화려하고 아름답기 그지없다
그는 달 앞에서 몸을 움직인다
달을 향해 달려가기도 하고
달에서 빠져나오기도 한다
달을 가리키며 노래하다가
문득 팔을 접고 침묵한다
일개의 집단이 바라보는 대상은
화려하고 아름답기 그지없지만
그가 비추는 것들에도 그림자가 있듯이
누구의 생각이 맞다고
말해줄 수 없다

생수를 가진 사람

잘 모르는 낯선 동네의 약국 앞에서
누군가를 기다리고 있다
오직 나를 진리로 인도하고
목마름을 채워줄 그 사람을.

한 발짝도 뗄 수 없다
이국적 도시처럼 나는
분주히 오가는 사람들 속에서.

그들은 제각기 누군가를 불러내기 위해
공중전화 앞에서 줄을 섰다
나 역시 누군가를 불러내기 위해
공중전화 앞에 섰다

삐삐 호출을 읽는 인간은
감옥에 갇혔던 탈옥수이다
핸드폰을 들고 거리를 활보하며
통화하는 인간은 세상천지에 자유라는
공간 하나 갖지 못한 불쌍한 인간이다

이 도시, 내가 모르는 낯선 마을에서

주춤거리는 나는, 햇볕을 당차게
받아들이지 못하는 음지의 인간이 되었다
누군가를 불러내어서
나를 어딘가로 꼬드겨야 하는

누군가는 사람이 아닌지도 모른다
오직 폭포수처럼 쏟아져 내리는
사이다 같은 물을 마실 수 있을 때까지
마르지 않는 생수를 가진
그가 바로 내가 찾는 누군가이다

소

신성한 노동의 품을 팔며
논길, 밭길을 걷는 소는 성자이다
동시적 시선으로 희비를 느끼는
순전히 조형된 언어만이 존재하는 땅에서
'음매-'하고 토악질하는 것은
어머니를 그리워하는 지상의 사람들을 대변한다
내가 체계화에 대한 욕구와 더불어
조화로운 콤퍼지션을 성취할 수 있는
가능성에 파편들을 맞추기 시작할 때
어떤 경우에 그는 그 건축 위에
중첩되기도 한다
가끔 풀을 뜯는 초기의 모습은 단순히
구도적인 내면을 상징하기도 하였다
종합적이고 분석적인 접근의 차이로
동시적 원리를 체득한 소의 발길질에
아냥뜨기처럼 나는 놀랐다
그를 보자
내 종잇조각 위에 흰색의 구성면은
거기에 적당한 기호들만 그려져 있으면
한 편의 시들로 변해버리는 것이었다
형태와 색채가 딱히 합쳐지지는 않았다
대담한 오버랩도 실시되었다

접시처럼

담아내기를 기다리는
나의 눅진한 습성이 있다
무언가를 담아내기 위해
노력하는 나는
처음엔
조금은 더 많은 것을
그 후엔 조금은 더 멋있는 것을
또 그 후에는 조금은 더 화려한 것을
담아내기 위해 헤매었다
지금은 이전보다 더 화려한
갖은 장식을 가진 채로의
나를 움켜쥐려 한다
어디에 있든지
어디를 가든지
조금은 더 많은 것을
더 멋있는 것을
더 화려한 것을
담고 싶은 속성을
접시처럼 가지고 있다, 나는

성냥개비에 관한 기록

성냥개비 하나가
모든 것의 해답을 가지고 있다
동그랗거나 네모나거나 세모난
다 아무르지 못한 생의 해답을
성냥개비 하나가 가지고 있다
그들이 불로 켜질 때
세상은 환하다기보다
그는 그 자체로 하나의 삶을,
활활 탐으로 그의 생을 완성하는 것
그대의 담배를 켜는 것이
그의 생의 본질은 아니다
나의 촛불을 켜는 것도
그의 본질이 아니다
그는 탐으로써 비로소
자신을 완성한다
우리는 단지 그 약간의 도움을 받을 뿐
그가 다 탔을 때
소진된 우리의 생처럼
하나의 본질로써 위대한 생을 마감한다
보라 그는 성냥개비 자체로서
완전한 해답을 가지고 있는 것을

나의 알바트로스

커다란 날개를 펴고 허공의 강풍을 따라
천천히 비행하는 섬 새는 나의 알바트로스이다
그는 때로 강풍을 좇아 멀리 비행하기를
마다하지 않는다, 강풍을 만나므로
작은 섬 새들이 알지 못하는 기능을 갖고
며칠씩 해안을 따라 이동하면서
알바트로스는 배고픔보다 중요한
아름답고 유연한 비행을 보여준다
나는 카메라 렌즈로 그 먼 길의 시작을 찍어두었다
그가 나는 하늘에 떠 있는 구름과
불어대는 강풍은 또한 상상력으로 간직해두었다
지상에서 날개 없는 일상성을 벗지 못하는 나는,
오늘 나의 알바트로스를 상상하면서
아직도 지상에서 날개 없이 파닥거린다

시인과 농부

개미와 베짱이처럼
베짱이 적인 기질을 가진
나의 그리움은
오늘도 노래를 부른다
이것은 은혜의 바다
농부의 땀을 씻어주는
충만한 만족의 바다이다
태초에 이름을 짓는 이들을 나무라라
베짱이란 이름이 적당치 않으므로
노래로 일하는 사람의 기질을
결코 가벼이 보지 말지어다
농부는 베짱이의 노래에 취하여
파종을 한다
그의 트랙터 땅을 지나가며
즐거운 노랫소리를 듣는다
씨들도 신이 나서 부드러운 흙 속으로
미끄러져 들어간다
세계는 내일이 좀더
아름답다는 것을 알게 된다

애드벌룬

너,
뜨는구나
수소로 채워진 너의 몸 뼈
가뭇없이 뜨는구나!
실타래 없이
날아가는구나
얽히지도 않는
저 공중으로
서슴없이 뜨는구나!
바로 너로구나
사유하는 나의 의식
애드벌룬을 따라간다
멈추지 않는 자유를 따라간다
서둘러서 너를 쫓지는 않겠다
멈추지도 않겠다
나도 너처럼 높이 뜨겠다

지난달에 우리가 농담을 주고받았던가

오늘도 숲이 돌아
보고 싶은 나의 숲들에
구름이 끼었어
달은 뜨지 않을지도 몰라
암내를 풍기는 별이 있는지도 몰라
내 가난한 풍차 흔들거리지
어두운 터널을 가지
가냘픈 너의 손길 느끼며
하늘을 바라보기도 해
별도 안 보이는 하늘 아래에서
잔잔한 너의 눈빛은
오직 상상으로만 이해되고
그림은 다시 나타나지 않아
내 마음은 묻고 있어
비바람을 부르는 구름보다 더 희미하게
가난한 내 마음에 꽃을 심어
꿈을 꾸는 내 마음에 꽃을 심어
가닥이 잡히지 않는 이웃집 사람들과
어떤 오브제 없이도 살아가는 사람과
갈 수 없는 천연 생태계 디엠젯 비무장 지대에도
수음하는 우리의 친구들에게도

우리는 무게 없는 말을 주고받았다

유다 유전

너희들이 웃는 걸 보고 싶어
사이클 안 맞는 라디오 방송처럼
지직거리는 너의 작은 심장
파르르 주파수가 잡히지 않고 있다
엘리베이터 없이 높은 건물을 오르내리는 것
노동의 대가는
까닭이 많은 세계의 정당성으로 관심을 돌리게 한다
돈으로 살 수 있는 모든 것에 관해서
서슴없이 관심을 갖는다
그것으로 이루어낼 수 있는
모든 일에 대해 생각한다
절체절명의 법칙처럼
배고픈 허우적거림처럼 푸릇한 종이 대왕은
우리를 휘청이게 하고
아직도 너희들은 웃지 않는다
내게 대왕이 있다면 거침없이 웃을까
내게 100w 오디오의 돌비 서라운드 음향으로
웅장하고 부드럽고 깊게 살아나올 듯한
너의 압력이 약한 주파수
빠르게 잡혀질까
그래, 나 종이대왕 서너 장에 관심을 갖는다

밴댕이처럼 많지 않은 동전에 꿈을 꾼다

그해 여름의 삽화

1
누군가에게 예측할 수 없는 감정의 울렁임이
들고 일어났다면 그것은 사랑이다
잘 모르는 생물의 입체적 그림을
품은 사람을 만났다면 그것은 사랑이다
그 사람을 끊임없이 만나고 있다면
그것은 이름하여 사랑이라
그 사랑의 미로
종자의 염원에 대한 나의 예감은
단종의 세미한 기억을
모조리 지워버렸다

2
나의 의식은
나를 거부하는 것이 마땅한 대지에서
아직 잠들 수 없다
하나의 꿈 많은 씨앗을 밟아버려야 했던 지난
계절은 다시 돌아오지도 않는다
두 눈은 충혈되었다
태양이 구름에 숨어 흰 뼈처럼 빛날 때

세상이 너의 미색을 가릴 때
더욱 너를 기억하면서

3
아침의 푸른 꿈들이 날개를 편다
상식적으로 이해가 되지 않는 생각과
행동과 언어와 말투는 해부를 당해야 하듯이
그해 여름의 끝
지열은 뜨겁게 사람들을 달구었다
종로 오가에 오늘도 내란 음모를 일으킬 만한
대학 일학년생들 선봉이 되어 달구어진 도로에 밀려간다
오월 항쟁의 피를 씻어다오
뜨거운 오월의 넋이여 너의 피를 씻어다오
불기소 처분된 국가 반란 음모는
아직도 모두의 생각에서 때 묻은 몸을 끌어안고
지치는 더위에도 결코 샤워하지 않는다
바람도 사람들도 웃음도 비도 그 어떤 물로도 아직 흐를
수 없다

해설

연민과 소망[*]

김주연(문학평론가)

하느님 당신이 저를 사랑하신다면
저를 안아주세요 하느님
당신의 그늘 구석에 매몰되어
바람만 맞는 허기진 저를,

—「종이의 가장자리」

　　우리에게 새로운 얼굴로 나타난 시인 김신영은 하나님
(시인은 하느님이라고 표기하고 있다)에게 무언가를 열심
히 호소하고 있다. 앞의 인용 부분은 「종이의 가장자리」에
나온 일부분이지만, 그의 호소는 많은 작품 속에 울음을 감
추고 있다. 대체 무슨 사연이 있길래 저토록 절절히 호소하

---

*이 글은 1996년 4월에 작성되었습니다.

는가, 아니 하나님이 계시기는 계시고 시인의 사정을 들어 줄 만한 처지이신가, 또 설령 그렇다 하더라도 하나님이 과 연 이 시인의 편을 들어줄 것인가 하는 의문 비슷한 것들이 동시에 우리의 머리를 스치고 지나간다. 이런 의문은 시인 의 딱한 사정, 결국 이 시인의 시적 현실이라고 할 수밖에 없는 그 내용을 살펴보는 데에서 그 해결의 실마리를 찾아 야 할 것이다.

1) 나는 달랠 길 없는 나를 끌어안고 백화점 안이며
들이며 길이며 온갖 상품들이 반짝이는
별 됨의 의미를 내색하는 공허한 자리에서
나도 그 속에 섞여 어색한 자리매김을 하고 있다
—「가벼운 섬 2」

2) 단절된 나의 의식은
욕실에서도 노를 젓는다
빗자루로 나는 정원을 쓸어야 하는
강박관념을 해방시키고
노를 젓는다
아무도 내가 어디를 가는지 알지 못하는데
나는 아직도 욕실에 있는가
—「소리가 있는 정원」

3) 층층이 불을 단 주택 꽉 찬 신도시는
공주님들 많아도 나의 손 잡아줄 사람은 없다

쌩(生)자 하느님 보우하시는 신도시에는

주남저수지의 새대가리 철을 따라 이동한다고

신문이 사진에 실려 날아다녔다

나는 어떤 생각도, 어떤 욕망도 없이

어디론지

날아가야

했다

—「일어서는 땅」

4) 지나온 날 하루도 조용한 날이 없는 제 평생

말할 자유를, 자유를 주실 분 그런 분만 들어주세요

밀리고 밀리면서 너무 많은 사람의 가여운 발자국

하나 남김없이 지웠답니다

지우는 일만 거듭하는 나는 신화처럼

쉼 없이 흔들리며 살아왔어요

—「파도의 꿈」

5) 나의 기하학적 원근법은

　대비가 맞지 않아 늘 엉망이다

지표면의 단층, 대칭 곡선을

잡아주느라 절망했다

—「신성한 기하학의 확률」

6) 척박한 땅을 밀어 올리며 영양을 섭취하였다

엽록소 없는 구차한 기생으로 생존을 이루어간다

동물도 식물도 아닌 균류의 일종으로 살아가는

치졸하고 왕성한 분해능력을 그대 혹시 보았는가

　　　　　　　　　　　　　　　ー「화려한 망사버섯의 정원」

　여섯 편의 작품에서 일부분이 인용된 것들인데, 여기에 드러나고 있는 시인의 현실은 거의 한결같이 부정적이다. 자리가 어색하거나, 의식이 단절되어 있거나 아무 생각 없이 떠돌거나, 쉼 없이 흔들리며 살아가거나, 심지어는 자신이 균류의 모습으로 살아가고 있다고 표현한다. 이러한 부정적인 자기 인식이 어디서 오는지 얼핏 보아서는 확실치 않다. 그러나 확실한 것은 시인을 둘러싸고 있는 현실 상황 역시 부정적으로 그려지고 있다는 점이다. 현실과 자아는 대위법적 구조 아래 파악되고 있지는 않으나, 적어도 시인 자신 그러한 현실에 무력한 위치에 서 있다는 것은 분명하다.

　시인 자신의 현실은 따라서 그 자신만의 독자적인 어떤 것이라기보다 차라리 객관적인 상황이나 풍물, 타자들에 의해 간접적으로 매개되고 있는 것들이 훨씬 많다. 시인의 시적 자아는 이들에 대한 관찰, 그 관찰에 대한 정서적 · 이성적 반응을 두루 함께 아우른 복합적 양상으로 구성된다. 말하자면 눈→가슴→머리로 이어지는 반응의 순환 고리를 안고서 시인은, 그 고리가 던져주는 현실을 그의 시적 대상으로 하는 것이다. 읽어보자.

1) 역은 최상의 포화 상태, 긴 줄을 세우는 거대한
공포의 특급 놀이시설이 된다 아무도 나갈 수 없다
역무원은 목이 쉰 호루라기를 쉭쉭 불어대로
더 이상 출구가 없으므로
승객들 일만 분의 일 초가 모자라 아우성이다

　　　　　　　　　　　　　　　—「환승역에서」

2) 이제 TV는 수상마을을 지난다
철 케이블에 연결된 마을은
술에 취한 듯 흔들린다
마을 전체가 강물을 토해낸다
쓰레기통에 잘못 날아든 나비와도 같이
금을 찾으려는 집념은 TV에서도 치료될 수 없나보다

　　　　　　　　　　　　　　—「TV에 나타난 그림」

3) K는 다시 내려오지 못했다
눈에 먼저 핏발이 서서 터졌고
손가락 발가락 다 터진 숯,
아무도 K를 끌어 내리지 못했다
후회할 사이도 없이 2만 볼트 전기는
K를 전신주에 매달았다

　　　　　　　　　　　　　—「전신주에 올라간 사람」

4) 잔디는 단련된 미스코리아의
몸매같이 아름다운 곡선을 유지하고

글래머 배우처럼 비옥한 대지를 끌어낸다

재벌의 천국은 여기서 누려진다

그지없이 아름답다고 그들은 말한다

—「행복한 그들」

5) 누구를 위한 핵 폐기이며 원자력 건설이냐

그들은 거리를 횡보한다

인쇄지에는 두 눈만 뚫린 하얀 두건 쓴

주민들 해골처럼 핵 드럼통 옆에

쓴잔을 마시고 힘없이 흩어져 있다

—「굴업도 사람들」

　다섯 편의 앞의 시들 인용 부분이 말하고 있는 현실은 1) 출구 없어 보이는 포화 상태의 지하철역 2) TV 화면에 비친 인간의 탐욕 3) 전신주에 매달려 감전사한 전공 4) 돈과 섹스가 감추어진 재벌의 골프장 5) 원자력 건설과 핵 폐기 반대 운동 등으로 요약되는, 우리 주변의 실제 상황이다. 우리 시에서의 현실이란 것이 일반적으로 내면에서 떠오르는 의식과 같은 것 아니면 정치적·이데올로기적이라는 점을 환기해본다면, 김신영의 현실은 훨씬 현실적이며 구체적이다. 무엇보다 가장 현안이 되어 있는 우리 일상의 핵심에 닿아 있다. 이 점에서 우선 이 시인의 현실 인식은 독자적이며 비관습적이다. 더욱 중요한 것은 훨씬 본질적이라는 사실이다. 지하철이나 TV·전기·원자력 등은 21세기를 바라보는 오늘의 현실을 규정짓고 있는 문명의 알리바이들이다. 돈·섹스가 어울려 있는 골프장 또한 자본주의의 한 상징으로 간주할 수 있다. 시인의 부정적인 관찰이 아니라면, 이것들은 모두 현대 문명의 발달이 가져온 화려한 성과들이라고 할 수 있다. 이런 풍경이 어우러진 모습은 시인의 말대로 "화려한 정원"이다. 그러나 시인은 그사이에 망사버섯을 끼워 넣는다. "화려한 망사버섯의 정원".

이 정원을 향한 그의 매서운 눈매는 화려함 속에 은폐된 망사버섯의 서식을 찾아낸다. 그 버섯은 겉보기에는 화려하지만, 본질은 독이다. 따라서 자기 개인의 내면적인 의식에만 매달리거나 욕망의 표현에서 멋을 찾는 일, 혹은 정치·경제적 목적과 결부된 현실 개선의 목소리들은 망사버섯을 그대로 방치한 채 정원의 구조 개선이나 내용물의 새로운 안배, 혹은 정원을 제대로 감상하지 못한다는 자의식 따위의 몸짓에 지나지 않는다. 이러한 반응은 모두 사태의 핵심에 가까이 가지 못한, 비본질적 상황 인식이라고 할 수 있다. 김신영의 인식은 담론적인 서술 형태로 진술 때에나 상상력의 공간에서 상징적으로 표현될 때에나 이러한 범주와 수준을 일탈하지 않는다. 현실과 자아 사이의 대립이나 동화도 이 맥락에서 읽힐 수 있다.

결국, 김신영의 부정적 자기 인식은 그의 개인적인 사정, 예컨대 내면 의식의 소외감이라거나 정치적 좌절, 이데올로기적 회의 혹은 이보다 훨씬 사적인 가정적·정서적 절망감과 같은 범주에 속한 것이 아님이 밝혀진다. 그렇기 때문에 그 인식은 심리학적·사회학적·정치학적 상상력과는 근본적으로 무관하다. 차라리 그는 철학적·신학적 상상력의 근원에 접근해 있다. 이 글 앞머리에 인용된 호소 조의 시는 이 같은 인식의 출발점을 강하게 시사한 것이다. "바람만 맞는 허기진 저를" 안아 달라는 것이다.

그러나 기이하다. 시인은 자신의 자리가 "당신의 그늘 구석에 매몰되어" 있다고 말하지 않는가. 자신이 바람만 맞고 허기진다는 이야기는 황폐한 현실과 그 현실 속에 함께 매몰되어 있는 처지를 나타내는 것으로 이해된다. 이 현실은 겉의 화려함에도 불구하고 시인을 정신적으로나 물질적으로 부유하게 하지 못한다. 그것이 바람과 허기다. 그러나 그것은 현실의 객관적 모습 그 자체라고만은 할 수 없는, 말하자면 현실에 대한 시인의 비판 의식을 드러내 주는 것이다. 그러나 그렇기 때문에 불만인가, 원망인가, 자신도 남들처럼 골프 치고 미인과 놀러 다니며 풍성하게 살고 싶다는 것인가. 그런 조건을 만족시켜주지 않는 근본 원인이 하나님에게 있다는 것인가.

앞서 나는 이 시인의 상상력이 철학적·신학적이라고 했는데, 그렇다면 그 원인을 이데올로기나 제도, 혹은 자기 자신에게서 찾지 않고, 신에게서 이끌어 낸다는 점을 지적한 것인가. 결론부터 말한다면, 그것은 그렇지 않다. 만약 그렇다면 우리는 결론으로 가는 길을 어렵게 고민할 필요가 없을 것이다. 신은 마치 점쟁이처럼 행·불행을 예시해 주는 존재며, 세속적인 행복의 보험자로서 그 기능이 끝날 것이다. 시인이 자신의 현실적 불운을 신에게 탓하고, 그 개선을 요구하는 것이 아니라는 것만큼은 분명하다. 그럼에도 "당신의 그늘 구석"은 의문으로 남는다. 이와 관련해서는 신학적 상상력이라고 불러 무방할 몇 부분의 인용이 필요하다.

1) 기꺼이
신에게로 가까이 가고 싶다
친구여,
내가 가질 수 없는 엿장수의 가위 적 장치를
물결이는 밤마다 요술처럼 마술처럼
내보이며 꿈꾸며,
무거운 고요의 바다
첨벙이며 흔들리며 살찐 하늘 가보고 싶다
(..)
신이 오는 바닷가에 드리운 내 얼굴
그 섬에서 나의 불가사의를 씻고
　　　　　　　　　　　　　—「가벼운 섬 1」

2) 그래 내게 말하여주세요 그대가 본 것을
신이 숨겨둔 진주를 내게도 보여주세요

—「가벼운 섬 3」

3) 하느님 당신이 그리운 사람입니다
가슴이 꼬옥 닫힌 사람
구멍 숭숭 난 제 가슴에 아직도 찬 바람만 불어요
당신에게 속살이는 이 말이 들리시나요
—「종이의 가장자리」

4) 그분은 내가 짓는 초막에
관심 없음 표시를 해 놓으시고
(......)
산 밑에 소금기 없는 세상에서
하늘을 향해 우뚝 서라고
그분은 돌머리
내 머릿속에 말씀하신다
나는 걱정 없는 산에서 내려가야만 했다
—「초막 짓는 산에서 2」

5) 나의 굴곡과 내면을 덮는
하느님의 물세례 내게 있어 다오
그 십자가, 그 언덕 내게
강 같은 평화로 있어 다오
그 길에 들어서게 하여다오
—「초막 짓는 산에서 3」

6) 나의 귀를 그들에게로 갖다 대면서

대목수여 나는 어떻게 되는 겁니까

나는 어디에 있어야 합니까, 우리의 소원은?

갈라진 논바닥처럼 갈증에

허덕이며 절망을 하고 있었다

「신라소 2」

7) 잘 모르는 낯선 동네의 약국 앞에서

누군가를 기다리고 있다

오직 나를 진리로 인도하고

목마름을 채워줄 그 사람을.

「생수를 가진 사람」

하나님, 혹은 예수를 지칭하면서 쓰인 작품들은 이보다 훨씬 많아서 거의 전 시집에 편재해 있다. 그들의 역할과 기능은, 기독교에서 그렇듯이 여기서도 구원의 기능이다. 물론 구원은 실낙원 이후 죄에 빠진 인간을 건져내어 죽음 대신 영원한 삶을 보장하는 초월적 성격의 것이다. 현세적인 삶에서 세속적인 행복의 조건을 향상시키는 일과 구원은 근본적으로 무관하다. 그러나 구원이란 말은 그보다 훨씬 낮은 범주에서 쓰이는 경우도 적지 않다. 출구가 보이지 않는 곤경에서의 탈출도 구원이라는 말로 얼마든지 쓰인다. 김신영의 하나님과 예수는 우선 이런 차원에서의 의미를 띠고 있다. 그러나 그들은 시인에게 있어서 차라리 연인의 이미지로 부각되는 경우가 더 많다. 그리움과 동경의 대상인 것이다. 앞의 인용 부분에서도 1) 2) 3) 4)가 직접적으로 이와 관련된다. 물론 그들이 구원의 능력을 갖추고 있다고 생각되기 때문에, 그들은 황량한 현실을 뛰어넘는 힘으로 작용한다. 그들이 그런 힘을 갖고 있는 까닭은 시인의 시들을 통해서 실증적으로 혹은 이미지 조작을 통해 밝혀지지 않는다. 그 힘은 순전히 시인의 믿음 안에서 확인될 뿐이다. 애인과도 같은 존재로 나타나고 있다는 나의 지적은 바로 이러한 구조 때문이다. 이러한 상상력을 나는 신학적 상상력이라고 불렀는데, 상상력이 움직이는 모습을 중심으로 한다면 수직적 상상력이라는 말로 불러도 좋다. 애인은, 그를 사랑하는 자에 의해 그렇게 믿고, 불려지는 것 이외에, 그의 힘에 대한 아무런 객관적 보증은 없다. 시인에게 있어서 하나님과 예수도 마찬가지다. 그러나 믿음이 주관적이니만큼, 그에 가까이 가고자 하는 정열 또한 맹목적일 정도로 뜨겁다.

"당신의 그늘 구석에 매몰"되어 있다는 불만은, 따라서 객관성 위에 있는 원망이나 비판이 아닌, 순전히 주관적인 불평이라는 점이 여기서 밝혀진다. 하나님에게 더 가까이 가고자 하는 열망, 그 완전한 세계의 도래를 갈망하는 역설이라고 할 수 있다.

동경은, 그가 '이 자리'를 떠나 '그 자리'로 가고자 하는

한 애틋한 연민을 그리면서도 그것을 타락한 현실과 대비, 도식적인 이원론으로 몰고 가지 않는 그 절묘한 복합 공간에 있다. 이 절묘함은 시인 자신의 헌신적인 자기 개입에서 비롯된다. 흔히 종교적·이데올로기적 이념·신념 경향의 시들에서 시인은 그 모습을 보이지 않은 채 우렁찬 강론 조의 목소리들만이 들리는 경우가 많은데, 이 시집은 그 분위기와 멀리 떨어져 있다. 오늘 우리 현실이, 새로워져야 할 숱한 부정적 요소로 미만해 있는 것은 사실이지만, 시인은 그것을 몇 가지의 단순한 빛깔을 통해 타락한 세계라고만 타기하지 않는다. 왜냐하면, 그 속에는 시인 자신이 숨 쉬며 살고 있기 때문이다. 현실은 시인 자신이며, 시인 자신이 동시에 현실이다. 이 동일화 *Identification* 현상은 시인 자신의 자리를 낮추어, 시적 자아의 설득력을 얻게 하는, 이 시집 최대의 덕목이다. 이 덕목은, 끊임없이 하나님을 부르고 그에 접근하고자 하는 열망이 단순한 개인적 구원 차원이 아님을 확실하게 보여주는 경지로 확대된다. 그것은 포화 상태의 지하철역에 지금이라도 하나님이 나타나셔서 이 혼돈과 어려움을 풀어달라는 구체적 호소와 연결된다. 종교 행위와 예배 속에서의 이기적 참여 아닌 이웃과 전체에 대한 숨겨져 있는 사랑, 공동체 모두의 구원을 더불어 아우르는 폭넓은 기원이다.

끝으로 하나: 꽃, 혹은 노래다. 이 시인이 종교적 믿음과

열망을 하고 있으면서도, 그 옆에 혹은 그것을 껴안고 있는 시인이고자 하는 이유의 저 깊은 속에 피어 있는 것들, 그것들은 어쩌면 하나님의 세속적인 모습인지도 모른다.

> 폭발하듯 피던 진달래까지
> 꽃 하나 피워주실 분 안 계신가요
> 꽃 하나 들고 계실 분
> 제게 꽃 얘기를 해 주세요
> 아름다운 꽃 얘기를.
> ─「서울은 꽃 하나 길섶 위에 」

> (..) 내 그리움 훌훌 털어낼 수 있다면 더 슬픈 노래를 부르지 않아도 된다면 끝없이 나를 따라다니는 그림자 없어도 된다면 나아 그 길에 있고 싶어 그 길에 내 노래 하나 무덤을 만들어놓고 무심하게 앉아 있을 수 있을 것 같아
> ─「거리에서」

그러나 아직 김신영의 꽃도, 노래도 어떤 지배적인 이미지나 일정한 기능을 갖는 수준은 확보하고 있지 않다. 타락한 세상과 구원 사이의 엄청난 공간이 어울려 역동적인 세계를 만들고 있는 그의 시는, 앞으로보다 집중된 시의 사물을 통해, 자신만의 상상력을 보다 아름답게 훈련시켜나가야 할 과제와 만나고 있다.

복간에 부치는 말

　문학과지성사에서 나온 첫 시집을 30년 만에 복간한다. 그간 세월이 훌쩍 흘러갔고 나는 30년의 나이를 더 먹었다. 시력은 늘었으나 나는 아직도 초보자처럼 방황하고 어딘지 장소를 정하지 못하고 엉뚱한 길에서 눈물을 쏟기도 한다.

　오래전 책을 복간하는 것은 오래전 나를 다시 보는 것, 또한 지금의 나를 다시 보는 것, 그때 이렇게 문학의 초입에 들어 가볍게 흔들렸다는 사실에 놀란다. 더불어 세상은 너무나 많이 변하였는데 시집 복간이 의미와 가치를 더하는 일일까 되된다. 오래전에 내가 나에게 부친 편지처럼 시집을 읽으며 나를 찾고 있다. 일부 첨삭을 하였으며 오자를 수정하였다.

　돌아보건대 30년간 나는 흥망성쇠와 천변만화를 거듭하면서 많은 것이 달라지긴 하였다. 그리고 1집에서 밝혔듯이 사람들이 잘 모르는 틈새를 밝히는 길을 가고자 하였으나 아직도 제대로 그 길에 들어서지 못하여 서성거리고 있다.

　　　맑은 글을 짓는 행랑채 명서헌에서 2025년 9월 저자

화려한 망사버섯의 정원

초판 1쇄 인쇄일 | 2025년 10월 1일
지은이 | 김신영
펴낸이 | 김미아
펴낸곳 | 더푸른 출판사
편 집 | 하종기

출판 등록 2019년 2월 19일 제 2009-000006호
경기도 평택시 지제동삭3로11, 108동 802호

전화 | 031-616-7139
팩스 | 0504-361-5259
E-mail | dprcps@naver.com
홈페이지 | https://blog.naver.com/dprcps

ISBN | 979-11-989716-5-4

값 12,000원

* 지은이와 협의에 의해 인지는 생략합니다.
* 잘못된 책은 구입하신 곳에서 교환해 드립니다.

비상의 욕구다. 그 비상, 즉 날아감에는 어떤 조건이 없다. 날개가 있어야 한다거나, 날아갈 만한 자격이 있다거나 하는 조건이 없는, 소망으로만 충만한 것이다. 더욱, 그것이 하나님인 경우 그들 믿는 자들이 하나님 나라로 가는 일과 예수님이 다시 오시는 일이 이미 약속되어 있는 터이다. 따라서 하나님을 향한 그리움과 예수 재림의 기다림은 무모하거나 무용한 동경이 아니다. 그럼에도 불구하고 그를 향한 동경으로 시의 모티프가 형성되고 있는 것은 지금 '이 자리'의 황량한, 모순된 현실 때문이리라. 특히 모순이야말로 모든 약속을 굳게 믿는 시인으로서도 문득문득 혼란스러운 현실 인식을 갖게 하는 가장 큰 원인이다. 그 모순은, 하나님 나라의 도래를 믿지 않는 자에게는 독신瀆神의 마음까지 품게 할 수 있는 이상한 섭리로 비추어진다. 그 가장 비근한, 그러면서도 가장 큰 예 하나: "내 마음 하나 비우지 못해 길을 걸었다"(p.39)에 나타나는 자기 스스로의 모순이다. 이미 구원받은 자, 하나님을 그리워하는 자로서도 유혹과 욕망을 저어하지 못하는 것이다. 하나님이 완전한 존재라는 것을 믿으면서도, 그렇다면 나 하나 완전하게 못 해 주는가 하는 갈등, 자신의 연약함·부족함을 알기 때문에 시인은 자기 연민에 빠지는 것이다. "당신의 그늘 구석"이란 결국 불평 아닌 자기 연민의 다른 표현이기도 한 것이다.

김신영의 시의 매력은, 하나님을 그리워하며, 예수에 대